L n° 17911.

BIOGRAPHIE

DE ROUGET-DELISLE,

AUTEUR DE LA

MARSEILLAISE

CHANT PATRIOTIQUE ET NATIONAL;

Détails peu connus jusqu'à ce jour.

L'histoire nous rapporte que, chez plusieurs peuples de l'antiquité, quelques citoyens donnèrent des preuves de courage, de vertu, de patriotisme et de désintéressement.

C'est principalement, pour former le cœur et l'esprit des jeunes gens, qu'on leur apprend, dans les écoles, à admirer les hommes célèbres que produisirent les républiques d'Athènes, de Sparte, de Rome, et dont les noms ont été justement honorés par la postérité.

Il serait sans doute plus avantageux pour la société, et on moraliserait encore plus tous les peuples de l'univers, si on rappelait très souvent à leur vénération ceux de leurs concitoyens qui furent utiles à leur patrie par leurs actions ou leurs écrits.

En France, nous n'avons pas besoin d'aller chercher dans l'histoire ancienne des beaux faits dignes d'admiration, et dont quelques uns peuvent paraître extraordinaires ou fabuleux. Nous pouvons facilement trouver dans notre propre histoire, des actions nobles, grandes ou utiles, et nommer plusieurs citoyens qui, dans les temps anciens ou modernes, ont acquis par de grands services des droits éternels à la reconnaissance et à l'estime de tous les hommes généreux.

1842

A la fin du siècle dernier, et dans les commencements de notre première et gigantesque révolution, un homme, jusqu'alors ignoré, eut une heureuse inspiration, quand il composa un chant national et belliqueux qui retentit bientôt comme la foudre chez plusieurs peuples de l'univers, et glaça d'épouvante les despotes et quelques mauvais rois.

Ce chant était aussi celui de la liberté. A ses accents tous les hommes éclairés sentirent leur cœur battre de joie, et l'espérance d'un meilleur avenir consola aussi les peuples longtemps abrutis par le despotisme politique ou le fanatisme religieux.

Quel était cet homme qui a été si utile à l'humanité, et que la postérité, toujours plus reconnaissante que les contemporains, honorera toujours?

Claude-Joseph ROUGET-DELISLE. Il naquit, le 10 mai 1760, à Lons-le-Saulnier, chef-lieu du département du Jura. Il était officier du génie lorsque notre première révolution proclama l'affranchissement du genre humain. Son âme était ardente; ses sentiments furent élevés, et il les exprima en langage noble et majestueux.

Poète inspiré et musicien tout à la fois, il sut mieux que tout autre chanter la gloire et réchauffer l'amour sacré de la patrie. Ce fut Rouget-Delisle qui composa les strophes et la musique de cet hymne patriotique qui pénétra, comme l'électricité, dans le monde entier, et que nos armées, si souvent victorieuses, chantaient presque toujours en allant aux combats.

Rouget-Delisle fut aussi un bon citoyen. Voici ce qu'on lit dans une biographie des hommes vivants, publiée en 1819, par une société d'écrivains royalistes, et qui furent assez impartiaux pour rendre justice à l'auteur de notre chant national : « .... Il composa, en 1793, à l'époque de la déclaration de guerre et sous le titre de *Chant de guerre pour l'armée du Rhin*, le célèbre chant qui reçut, dix mois plus tard, le nom d'hymne des Marseillais, et il en fit la musique. Ce chant patriotique, composé *avec une sorte de verve*, et dont l'auteur ne prévoyait certainement pas toute la funeste célébrité, a été longtemps le cri de ralliement des plus furieux démagogues et le signal des plus horribles massacres.

» Cette preuve de patriotisme ne put sauver M. Rouget-Delisle de la fureur des terroristes, et il fut incarcéré sous le règne de Robespierre, dont la mort seule put le sauver. Après le 9 thermidor, il partit avec Tallien pour l'armée des côtes de l'Ouest; se trouva à Quiberon lors de la descente des émigrés, et fut blessé en combattant dans l'armée conventionnelle. Son nom retentit pendant plusieurs jours à la tribune, et un décret chargea

les comités du gouvernement de le récompenser. Ayant été désigné, en 1797, par quelques journaux, comme attaché au parti
jacobin , il réclama vivement contre cette assertion et eut avec
les journalistes des démêlés que ceux-ci publièrent. » (Extrait
de la *Biographie des hommes vivants*, publiée en 1819, par les
frères Michaud, tome v, pag. 249-250.)

La plus grande puissance sur le cœur des hommes a été celle
de la poésie et du chant.

Les poètes de l'antiquité ont supposé qu'à la voix d'Amphion
des murailles s'élevèrent; qu'Orphée, par les accents de sa lyre,
attendrissait les lions et les habitants des enfers. Ces récits sont
évidemment fabuleux; mais il sera toujours vrai de dire que les
strophes et la musique de *la Marseillaise* produisirent des miracles
et firent vibrer dans tous les cœurs les sentiments du plus pur
patriotisme et de la plus grande valeur.

Il est utile de rapporter quelques paroles d'un hymne, universellement connu, du moins chez le peuple français, et qui fit un
si prodigieux effet. Si on médite sur les pensées et les nobles
expressions de l'auteur qui interpréta si bien, dans cette circonstance, les sentiments dont chaque citoyen était animé, on verra
1° un sentiment de fraternité dans ces mots : *Allons, enfants de
la patrie;* 2° une énergique indignation dans cette strophe : *Que
veut cette horde d'esclaves ?* 3° un hommage à la divinité par cette
prière : *Grand Dieu par des mains enchaînées;* 4° une noble assurance par cette apostrophe : *Tremblez tyrans et vous perfides !* 5°
un sentiment d'humanité par cette recommandation : *Epargnez
ces tristes victimes;* 6° l'abnégation de la vie pour servir son pays
dans ces mots : *Bien moins jaloux de leur survivre — Que de partager leur cercueil;* 7° une inspiration sublime dans ces nobles
accents : *Amour sacré de la patrie.*

Oui, *la Marseillaise* fut un cri de guerre et un chant de victoire. Un général républicain écrivait au Directoire : « *La Marseillaise* commandait avec moi. » — Un autre général demandait : « un renfort de mille hommes ou une édition de *la Marseillaise.* » — Un troisième disait encore : « Sans *la Marseillaise*,
je me battrai toujours un contre deux; avec *la Marseillaise*, un
contre quatre. »

L'hymne de *la Marseillaise* vivra éternellement. Noble et majestueuse, elle servira toujours de cri de ralliement aux peuples
qui voudront s'affranchir du despotisme politique ou du fanatisme religieux.

On a dit, et avec raison, que Rouget-Delisle servit son pays
de sa liberté, de son épée et de sa lyre.

Cet homme, dont la ... ...blable à celle de ... ...

antiques, renommés par leurs vertus et leur patriotisme, ne sollicita ni pensions ni faveurs pendant tout le temps qu'il fut dans l'âge de la santé et de la virilité. Il faut avouer cependant qu'il y eut une grande ingratitude de la part de ceux qui gouvernèrent la France de 1792 à 1814, en n'accordant pas une récompense nationale à l'homme qui avait si bien mérité l'estime et la reconnaissance de son pays.

Voilà une réflexion dont on n'osera pas, sans doute, contester la justesse, et qui prouve encore, après plusieurs exemples qu'on peut lire dans l'histoire, que dans les gouvernements républicains, la haine ou l'envie ont réussi très souvent à abaisser le mérite et à faire oublier les services des meilleurs citoyens.

Napoléon n'aimait pas les républicains, même ceux qui étaient de bonne foi. Il disait que chez un peuple corrompu, les républicains purs et sincères étaient des niais ou des êtres surnaturels qui ne devaient pas vivre avec les autres citoyens. Mais il aurait dû estimer et récompenser dignement l'auteur de *la Marseillaise*, quoique celui-ci n'eût jamais voulu s'humilier devant lui.

Il ne pouvait pas oublier que le chant belliqueux composé par Rouget-Delisle, contribua puissamment aux victoires des armées républicaines que Bonaparte commanda plus tard, et qui l'élevèrent bientôt sur un trône impérial.

Sous la Restauration, Rouget-Delisle fut obligé nécessairement de vivre dans l'obscurité et dans l'oubli. Il était si malheureux qu'il fut dans l'impossibilité de payer une modique somme de 500 francs, qu'il avait eu le malheur d'emprunter à un homme que je nommerai plus tard. Il fut incarcéré, le 9 juin 1826, dans la maison de détention pour dettes, établie alors à Sainte-Pélagie, et il y fut écroué par les ordres, ou du moins par le consentement d'un créancier impitoyable et rigoureux. Il sortit de Sainte-Pélagie, dix-sept jours après qu'il y fut emprisonné, grâces à la générosité de M. Béranger, illustre et célèbre chansonnier, qui racheta de ses propres deniers la liberté de son ami.

Après la Révolution de 1830, le 6 août, le Roi, alors lieutenant-général du royaume, lui accorda une pension de 1,200 fr., sans qu'il l'eût sollicitée. Mais, Louis-Philippe, qui n'avait pu, sous le gouvernement de la branche aînée des Bourbons, venir au secours de Rouget-Delisle, s'empressa, par un effet de sa volonté, de soulager la triste position de l'auteur de notre chant national.

Quatre mois plus tard, le 6 décembre 1830, le Roi accorda la décoration de la Légion-d'Honneur à Rouget-Delisle, qui, sans doute, avait plutôt mérité cette distinction que beaucoup de gens qui n'avaient pas rendu à leur pays des services aussi signalés.

Rouget-Delisle, dans les dernières années de la Restauration, avait trouvé une généreuse hospitalité chez M. le général baron Blein. Lorsqu'il put vivre à l'aide de la pension que le Roi lui avait accordée, il voulut aller passer ses derniers jours chez un vieillard aimable et spirituel, qui demeure à Choisi-le-Roi, petite ville fort agréable, sur les bords de la Seine et rapprochée de Paris.

Ce vieillard respectable, âgé aujourd'hui de 86 ans, et qui a conservé une prodigieuse mémoire, entretenue par l'amour de l'étude et des beaux-arts, est le père de Madame Amable Tastu, très connue par son esprit et par des œuvres littéraires fort remarquables qui ont obtenu des prix fondés par l'Institut. Cet homme si vénérable, qu'on appelle M. Voïard, m'a donné dernièrement des renseignements fort exacts sur la vie de Rouget-Delisle, auquel il voua son estime et son amitié. J'ai cru qu'il était nécessaire de publier ces détails inconnus jusqu'à ce jour.

On aurait tort de croire que Rouget-Delisle composa l'hymne de la *Marseillaise* dans une ville où il n'avait pas encore été. Ce fut à Strasbourg, et après un repas qu'il avait fait chez M. Dietrick, que plusieurs autres officiers qui connaissaient son talent pour la poésie et la musique, l'engagèrent à composer un chant de guerre au moment où on allait se battre avec les ennemis de notre indépendance et de notre liberté.

Rouget-Delisle rentra chez lui à onze heures du soir, prit son violon, et composa dans un moment d'heureuse inspiration ce chant martial aujourd'hui si connu dans le monde entier.

Il déplora souvent, me disait M. Voïart, son ami et son confident, que des hommes mal intentionnés eussent entonné quelquefois un hymne qu'il n'avait composé, disait-il, que pour entretenir l'ardeur de nos soldats, et non pour exciter les citoyens de notre commune patrie les uns contre les autres, afin de satisfaire leurs haines ou leurs rivalités.

Il était affligé surtout lorsqu'il apprenait que dans les émeutes qui ont eu lieu à Paris, après la Révolution de 1830, on s'insurgeait contre les lois, en nuisant ainsi à la cause de la liberté.

Rouget-Delisle qui avait senti les premières atteintes d'une paralysie partielle, quand il fut écroué dans une prison pour dettes, mourut ou plutôt s'éteignit presque subitement, le 26 juin 1836. C'était le dixième anniversaire du jour où il sortit de prison. Il y a quelque chose de remarquable dans ce décret de la Providence, qui, sans doute, a mieux récompensé, dans un monde meilleur, un homme qui fut aussi l'apôtre de la liberté et le défenseur des droits sacrés des hommes opprimés.

Rouget-Delisle mourut si pauvre, que M. Voïart, son ami, fut obligé de fournir aux frais de ses funérailles. Il n'avait ni frères, ni sœurs ni neveux, et sa succession, *riche cependant de souvenirs*, fut répudiée par sa cousine, Madame la baronne d'E..... On fut obligé, conformément à la loi, de nommer un curateur à sa succession vacante, et le tribunal de la Seine, voulant honorer la mémoire de l'auteur de notre chant national, désigna pour curateur le Greffier en chef de son tribunal.

On sera étonné quand on apprendra en lisant cet écrit, que la tombe de Rouget-Delisle, qui se trouve à côté de celle d'un ancien curé de Choisi-le-Roi, n'a ni pierre, ni même une croix en bois, pour la couvrir ou la désigner.

J'ai dit que Rouget-Delisle sortit de Sainte-Pélagie dix-sept jours après qu'il y fut écroué. Si l'illustre chansonnier, M. Béranger, avait su quelques jours plus tôt que l'auteur de la *Marseillaise* était incarcéré, il serait venu de suite à son secours. Mais M. Béranger était absent de Paris, quand son ami fut privé de sa liberté.

L'action noble et généreuse de M. Béranger a d'autant plus de prix, qu'il ne voulut pas qu'on la publiât. Mais comme j'ai pris la détermination de raconter toutes les circonstances de la vie de M. Rouget Delisle, *sans rien oublier ou dissimuler*, j'ai incontestablement le droit de mentionner son incarcération et la bonne action de celui qui vint à son secours.

On ne peut donc me blâmer d'être toujours resté fidèle à la vérité, en racontant plusieurs faits importants inconnus jusqu'à ce jour, et qui se rattachent à la vie de l'auteur de l'hymne marseillais.

Il ne faut écrire l'histoire que lorsqu'on a le courage de dire la vérité, et je crois qu'il y a lâcheté à ne pas rappeler tous les faits, même ceux qui flétrissent dans l'opinion publique les heureux du siècle et les puissants du jour.

Je ne crois pas que M. Béranger puisse me blâmer d'avoir publié un fait qui l'honore. J'ai pensé qu'il était nécessaire, *dans un siècle d'égoïsme et de cupidité*, de rendre hommage à tous les beaux sentiments, afin que les hommes généreux eussent un plus grand nombre d'imitateurs.

M. Béranger, qui a montré lui-même tant de courage et de patriotisme dans ses écrits, me pardonnera, je l'espère, de publier la lettre qu'il me fit l'honneur de m'adresser; elle fut écrite de Passy, près Paris; elle est ainsi conçue :

« J'ai, en effet, Monsieur, beaucoup de renseignements sur
» Rouget-Delisle ; mais je n'en ai pas sur la circonstance que vous
» me rappelez. J'étais à la campagne lorsqu'il fut arrêté pour
» une dette minime. J'écrivis à un ami de faire pour moi les
» avances nécessaires, et Rouget-Delisle recouvra ainsi sa liberté,
» sans que j'aie su jamais quelle sorte de créance et de créancier
» avait causé son incarcération. Lui-même ne me le dit pas, et
» il s'acquitta avec moi, sans que j'aie songé à prendre d'in-
» formations à cet égard. Mais j'ai eu sur cet homme célèbre
» d'autres renseignements que je pourrais vous fournir.

» Recevez, Monsieur, mes salutations empressées.

» Béranger. »

12 mars 1842.

Au dos de cette lettre on lit l'adresse suivante : à M. Cornéde-Miramont,
avocat.

Que cette lettre est noble et touchante ! Voilà un homme généreux, qui, ne voulant pas avoir à gémir encore sur la méchan-
ceté des hommes, ne désira pas connaître le nom de celui qui fit
emprisonner un malheureux vieillard. Il résulte aussi de cette
lettre de M. Béranger, que l'illustre victime d'une détention
odieuse et brutale, ne voulut pas se plaindre et faire connaître
le nom de celui qui le priva de sa liberté.

Eh bien ! je ne craindrai pas de nommer l'homme qui donna
secrètement des ordres, ou qui du moins donna son consentement pour l'incarcération du célèbre auteur de notre chant national. Cet homme est M. Boudousquié, qui certes n'aurait pas été
nommé, après la Révolution de 1830, Procureur du Roi à
Cahors, si M. Rouget-Delisle s'était plaint des mauvais procédés
qu'il eut à son égard. Cette noble conduite de l'illustre vieillard
suffirait pour faire connaître sa grandeur d'âme et sa générosité.

En 1834, lorsque M. Boudousquié fut élu député par le col-
lége électoral de Cahors, si j'avais connu cet acte de rigueur,
je l'aurais publié ; et *malgré l'influence* qu'a toujours exercée
dans la ville de Cahors la famille assez nombreuse de l'ex-député
de cet arrondissement, je suis certain que les électeurs de toutes
les opinions ne lui auraient pas conféré le mandat législatif.

Je me reprocherai toute ma vie d'avoir consenti à ce qu'on
déférât à M. Boudousquié le commandement de la garde nationale de Cahors. Mais je le jure sur l'honneur, j'ignorais, comme
tous mes concitoyens, qu'il eût fait emprisonner l'auteur de
notre hymne national. J'espère, qu'aux futures élections, on le
dispensera d'entendre la musique d'un air souvent répété, et dont
les accents doivent lui rappeler de tristes et cruels souvenirs.

Ce ne fut que le 9 mars dernier que j'eus connaissance de ce fait, par plusieurs personnes honorables de Paris.

Aussitôt, je fis des recherches et pris des informations ; quand j'eus la certitude que tous les faits qui m'avaient été dénoncés étaient vrais, je voulus les publier ; mais je pris la détermination de me taire, pour ne pas nuire aux intérêts de mon pays.

C'est ici que je vais faire remarquer que je suis souvent généreux, même envers mes plus cruels ennemis.

Je pouvais faire perdre à M. Boudousquié l'amitié des hommes généreux, et il m'était très facile de le dépopulariser aux yeux de la Chambre des Députés. Voici les motifs de mon silence.

On sait que j'avais présenté de nouveau une pétition qui fut accueillie favorablement, le 8 février 1841, par une grande partie de la Chambre des Pairs, et qui tendait à faire cesser une contradiction réelle entre les art. 750-915-916 du Code civil.

Cette pétition inscrite, sous le n° 95, sur le rôle général, qui fut imprimée et dont M. Tesnières, député, était chargé de faire le rapport, devait être solennellement discutée dans la dernière quinzaine du mois de mars dernier. Plusieurs orateurs se proposaient de prendre la parole pour faire sentir à M. Boudousquié qu'il n'aurait pas dû ridiculiser, le 20 mars 1841, une généreuse et utile proposition présentée par un de ses confrères et surtout par un de ses concitoyens. La discussion aurait été vive et animée. Eh bien ! je pris, par une seule inspiration de ma pensée, la détermination de retirer ma pétition, *en me réservant cependant le droit de la représenter à la prochaine session*. C'est ce que j'annonçai le 15 mars, par deux lettres, que j'eus l'honneur d'adresser, l'une à M. le Président de la Chambre des députés, l'autre à M. le Garde-des-Sceaux.

On me demandera peut-être quelle fut la cause de cette détermination. Je vais la dire : Je savais que M. Boudousquié devait prendre la parole pour demander que le centre de la France et le département du Lot fussent aussi traversés par un chemin de fer. Je ne voulus donc pas déconsidérer le député de mon arrondissement, afin que son opinion eût plus d'influence ; et je fis le sacrifice de mon amour-propre pour ne pas nuire aux intérêts de la ville où je suis né.

Voilà quel fut le motif principal qui me détermina à retirer ma pétition, que je représenterai plus tard, si Dieu me conserve la vie, la force et la santé.

On m'a assuré que M. Boudousquié, qui était compris, en 1826, parmi les membres des sociétés secrètes, avait fait annoncer à M. Rouget-Delisle qu'il viendrait à son secours, afin d'avoir la réputation d'un homme obligeant, patriote et généreux. D'autres ont prétendu qu'il fut engagé à dépopulariser Rouget-Delisle, auteur de l'hymne qui, en électrisant nos armées, avait retardé la rentrée des Bourbons. Je n'ai jamais pu pénétrer ce mystère; mais, il paraîtra toujours singulier que M. Boudousquié ait exigé une lettre de change entraînant la contrainte par corps, quand il prêta cette modique somme de 500 francs; qu'il ait voulu que cette lettre de change fut payable dans soixante-dix jours, dans la ville de Cahors ; qu'il n'ait accordé aucun délai à son malheureux débiteur.

On dira peut-être, que M. Boudousquié n'était pas, en 1826, aussi riche qu'il l'est aujourd'hui. Il a toujours été fort aisé. Il était à Paris, inscrit sur le tableau des Avocats de la Cour Royale ; il recevait de son père, riche banquier, tout l'argent qu'il demandait; et, moi-même, je fus chargé de lui remettre une somme assez considérable, en or, que son père m'avait confiée, sans me dire le montant de ces pièces d'or qui furent mises dans un rouleau de papier, et sans qu'on me demandât un récépissé.

M. Boudousquié n'osera pas, sans doute, contester l'exactitude de ce fait que j'ai mentionné il y a plus de quatre ans, dans une réponse imprimée, que j'adressai au gérant du *Radical du Lot*.

Quelques égoïstes calculateurs, dépourvus de sentiments généreux, diront, peut-être, que M. Boudousquié ne fit qu'user d'un droit en faisant incarcérer un débiteur contre lequel il avait obtenu la contrainte par corps.

Oui, sans doute, M. Boudousquié ne commit ni crime ni délit, quand il fit emprisonner M. Rouget-Delisle; mais, il suffisait que celui-ci fut un vieillard et de plus un homme malheureux, pour que son créancier n'usât pas d'un droit rigoureux, qu'on n'emploie ordinairement qu'envers les débiteurs de mauvaise foi.

Je n'ai jamais été aussi riche que M. Boudousquié. Cependant, je refusai, en 1827, de faire exécuter la contrainte par corps contre un de mes débiteurs. Je fis plus, je consentis à attendre le décès d'un de ses parents pour être payé d'une somme de 1,200 francs, qu'il me devait depuis plus de six ans.

Tous les cœurs généreux penseront, sans doute, comme moi, quand je dirai, qu'en France, beaucoup de citoyens auraient cru faire un outrage à la morale et à l'opinion publique, en privant de sa liberté le vieillard illustre qui avait été le défenseur de celle de tous les citoyens et de tous les peuples en général.

On ne pourra jamais justifier une telle action de la part de M. Boudousquié. Il était alors lieutenant libéré du service militaire quand il fit emprisonner un homme qui avait été son supérieur et capitaine de génie, et qui, dans toutes les circonstances de sa vie, avait donné des preuves de grandeur d'âme et de désintéressement.

Quelles cruelles et pénibles émotions ne dut pas éprouver pendant sa captivité l'illustre auteur de notre chant national, lorsque méditant sur l'ingratitude et la cupidité des hommes, il supportait l'humiliation que lui fit subir M. Boudousquié, avec calme et dignité, et surtout avec une admirable résignation !

On prétend que M. Boudousquié, voulant se justifier d'une action blamable aux yeux de tous les hommes généreux, a dit que M. Rouget-Delisle était un chevalier d'industrie. S'il persistait à ajouter le sarcasme à l'outrage, tous les citoyens qui ont lu l'histoire, lui diraient que son langage étudié et doucereux ne détruira jamais des faits connus et avérés. Il est certain que Rouget-Delisle fut toujours un homme d'honneur, franc, loyal, probe, désintéressé, et qu'il ne fit pas comme tant d'autres qui, par des manœuvres frauduleuses, ont pris et retenu le bien d'autrui.

PREUVES JUDICIAIRES DE LA VÉRITÉ DE MES AFFIRMATIONS

C'est par le ministère d'un officier public que j'ai sommé deux citoyens de Paris de rendre hommage à la vérité. Voici la copie de l'exploit qui leur a été signifié par le sieur Pigeon, huissier, rue Saint-Honoré, 108, à Paris.

A la requête du sieur Cornède-Miramont, avocat, etc.;

Ai dit et exposé 1° à M. François-Nicolas Riobé, ex-huissier à Guignes, canton de Mormant, département de la Seine-et-Marne, demeurant actuellement à Paris, rue de l'Université, n° 116, chez son beau-frère, M. Jeanmère, officier de la Légion-d'Honneur et messager d'État à la Chambre des deputés, demeurant aussi à Paris, dans une dépendance de l'hôtel Bourbon, qu'il ne saurait disconvenir des faits suivants :

Qu'en l'année mil huit cent vingt-six, ledit sieur Riobé travaillait comme premier clerc chez M. Girard, alors agréé au tribunal de commerce de la Seine; qu'un des clients de son patron et qu'on appelle M. Boudousquié, qui était dans ce temps-là avocat à Paris, et qui depuis a été député de l'arrondissement de Cahors, le pria de poursuivre le remboursement d'une lettre de change de cinq cents francs.

Que cette lettre de change, souscrite le quatorze janvier mil huit cent vingt-six, par M. Rouget-Delisle, en faveur dudit M. Boudousquié, était payable le vingt-cinq mars suivant, c'est-à-dire dans soixante-dix jours, à Cahors, chef-lieu du département du Lot, au domicile de M. Cangardel, négociant.

Que ce fut quelques jours avant l'échéance de cette lettre de change, dans les premiers jours du mois de mars, que M. Boudousquié la transmit au sieur Royer, par la voie de l'endossement, quoique celui-ci ne pût alors lui fournir réellement le remboursement. Que ledit sieur Boudousquié pria aussi ledit Riobé de poursuivre en son nom un débiteur contre lequel il n'osait pas lui-même diriger son action.

Que ledit Riobé, étant alors plus jeune, n'avait pas acquis l'expérience qu'il a aujourd'hui, et que s'il consentit à poursuivre le débiteur de M. Boudousquié, c'est parce qu'il ignorait sans doute que ce débiteur fût le célèbre auteur du chant national qu'on appelle *la Marseillaise*; qu'il pouvait croire que celui-ci était mort ou éloigné de Paris; car la France était alors soumise au gouvernement de la branche aînée des Bourbons, auprès desquels M. Rouget-Delisle ne devait pas être en faveur.

Que ledit Riobé n'actionna que M. Rouget-Delisle, et non les sieurs Boudousquié et Royer, qu'il n'avait jamais connus.

J'ai dit au sieur Riobé que le requérant sait positivement que cette lettre de change de cinq cents francs, que M. Boudousquié fils avait transmise par la voie de l'endossement, fut protestée, faute de paiement, le lendemain de sa courte échéance, c'est-à-dire le vingt-sept mars mil huit cent vingt-six, par exploit de Teyssèdre, huissier à Cahors, enregistré le même jour.

Que le quatorze avril mil huit cent vingt-six, on obtint, à la requête dudit sieur Riobé, un jugement contradictoire, rendu par le tribunal de commerce de Paris, qui fut dans la pénible nécessité de condamner M. Rouget-Delisle à payer, par toutes voies et par corps, la somme de cinq cents francs, qu'il avait eu le malheur d'emprunter à un créancier rigoureux.

Que M. Rouget-Delisle, alors âgé de 66 ans et quelques jours, fut emprisonné le neuf juin mil huit cent vingt-six dans la prison alors établie à Sainte-Pélagie. Que cette incarcération fut faite par exploit de Jacques Legrip, garde du commerce, à la requête et peut-être à l'insu dudit Riobé et en vertu d'une procuration en blanc, qu'il avait signée. Que l'acte d'écrou du malheureux auteur de *La Marseillaise* porte le n° 4,552 des registres de Sainte-Pélagie, que le requérant a lus et compulsés.

J'ai dit aussi, au sieur Riobé, qu'il ne saurait disconvenir avoir consenti à ce que M. Rouget-Delisle sortît de la prison pour dettes dix-sept jours après qu'il y fut écroué, parce que un homme généreux et humain, M. Béranger, illustre poète et chansonnier, paya de ses propres deniers, en capital, intérêts et frais, la rançon de M. Rouget-Delisle, qui, par une fausse délicatesse, ne voulait pas d'abord accepter cette preuve de la générosité de son ami.

J'ai exposé encore, au sieur Riobé, que le remboursement du montant de la lettre de change qui avait causé l'incarcération de M. Rouget-Delisle , fut remis en totalité, en capital, intérêts et frais, à son créancier véritable, c'est-à-dire à M. Boudousquié, alors avocat, et depuis député de l'arrondissement de Cahors.

Tous les faits ci-dessus relatés sont de la plus grande exactitude, conformes à la vérité, et il sera prouvé qu'il n'y a eu aucune exagération dans ce récit.

Et pour prouver que ces faits sont incontestablement vrais, j'ai donné audit sieur Riobé une copie d'une lettre , qu'il a adressée à M. Cornède, requérant, et qui est ainsi conçue :

MONSIEUR,

« Je me rappelle, il est vrai, qu'en 1826, lorsque j'étais premier clerc chez M. Girard, avocat et agréé au tribunal de commerce de la Seine, des poursuites furent dirigées à ma requête contre un M. Rouget-Delisle; et comme il s'agissait d'une lettre de change, l'on obtint la contrainte par corps ; et, par suite, ce monsieur fut incarcéré pour dettes à Sainte-Pélagie.

» Tout ce que je puis vous dire, Monsieur, c'est que lorsque je prêtai mon nom au porteur de cette lettre de change, il ne me vint pas dans l'idée que ce pût être M. Rouget-Delisle, auteur de *la Marseillaise*, sans quoi je ne l'eusse pas fait.

» J'ai toujours témoigné beaucoup de répugnance à employer les moyens rigoureux dans les affaires dont j'ai été chargé, et cela est tellement vrai, que je pourrais prouver que pendant trois ans que j'ai exercé comme huissier à Guignes, je n'ai pas fait une seule saisie. J'ai concilié beaucoup de monde, et, un jour pressé jusque dans les derniers retranchements par un client qui voulait absolument que j'arrêtasse son débiteur, j'ai mieux aimé payer pour celui-ci, et accepter un billet souscrit solidairement par lui et sa femme que d'en venir à une action tout-à-fait opposée à mes sentiments.

» Si vous avez confiance dans tout ce que je viens de vous dire, vous devez être persuadé des regrets que j'ai éprouvés lorsque j'eus la certitude qu'il s'agissait de M. Rouget-Delisle, auteur de *la Marseillaise*. J'ai l'honneur d'être, Monsieur, votre bien dévoué serviteur, Riobé aîné, ex-huissier à Guignes.»

Cette lettre a été enregistrée, à Paris, le 13 juin 1842.

J'ai sommé aussi le sieur Jacques Legrip, ex-huissier, rue du

Bouloy, 5, de dire s'il était l'auteur d'une déclaration ainsi conçue :

Je soussigné, Louis-Jacques Legrip, ancien garde du commerce, demeurant à Paris, rue du Bouloy, 5, certifie à qui il appartiendra, que le 9 juin 1826, en vertu d'un jugement rendu par le Tribunal de Commerce de la Seine, le 14 avril même année, j'ai, à la requête de M. Riobé, arrêté et écroué à la maison d'arrêt pour dettes, M. Rouget-Delisle, demeurant alors à Paris, passage Saulnier, pour une somme de 500 francs de principal, ensemble des intérêts et des frais. J'ajoute que dans ma pensée, il était, que M. Riobé, alors maître-clerc chez M. Girard n'était qu'un prête-nom du client dudit M. Girard ; mais cependant, que j'ignorais comme j'ignore encore quel était le créancier sérieux. En foi de quoi j'ai signé le présent pour valoir et servir ce que de raison. Signé LEGRIP.

Paris, le 17 juin 1842.

Enregistré à Paris, le 17 juin 1842, f° 191, v° case 8. Reçu 1 franc 10 centimes, dixième compris. Signé TEXIER.

Les sieurs Riobé et Legrip, assignés tous deux pour reconnaître leur écriture, ont déclaré au bas de l'exploit, à eux signifié, qu'ils déclaraient être les auteurs, l'un de la lettre, l'autre de la déclaration ci-dessus rapportée. Cet acte judiciaire a été enregistré, le 24 juin 1842, par M. Lenoble, receveur.

Voici la copie d'une autre déclaration faite au bas de la lettre du sieur Riobé :

« Je reconnais bien cette écriture pour être celle de M. Riobé, l'un de mes anciens clercs ; mais je déclare, en même temps, avoir complètement ignoré que M. Riobé ne fût que le prête-nom d'une tierce personne, et être toujours resté étranger à la poursuite qui a été exercée à cette occasion contre M. Rouget-Delisle.

» Paris, 17 juin 1842.

» Signé GIRARD,
» Avocat, rue Richer, 29, Paris. »

Lorsque le sieur Riobé consentit à poursuivre un homme qu'il ne connaissait pas, il suivit, en agissant ainsi, un usage assez souvent établi, et qu'on devrait peut-être faire cesser dans les études des avoués et des agréés ; car, très souvent, les clercs des avoués ou des agréés poursuivent en leur nom personnel, surtout dans les affaires peu importantes et devant les tribunaux de commerce, des personnes dont ils ne sont pas les véritables créanciers.

J'ai donc prouvé la vérité des faits que plusieurs de mes concitoyens m'avaient prié de vérifier.

J’avais incontestablement le droit de publier quelques détails, inconnus jusqu’à ce jour, sur Rouget-Delisle, dont le nom ira à la postérité. Quoique je ne sois pas partisan d’un gouvernement républicain, qu’il est, selon moi, impossible d’organiser, j’ai voulu rendre justice à un homme qui contribua puissamment à préserver mon pays d’une humiliante invasion et qui fut l’auteur du chant belliqueux, que nos soldats entonneront toujours comme leurs pères, quand ils voleront aux combats.

On me dira peut-être que je n’aurais pas dû mentionner un acte de la vie privée de M. Boudousquié. Je répondrai que lorsqu’un homme brigue les suffrages de ses concitoyens, on peut lui demander compte de toutes ses actions ; et quand il est prouvé qu’il ne fût pas humain envers un vieillard, dont le nom est historique, qui rendît les plus grands services à notre nation, on a le droit de dire que cet homme, qui sollicite l’honneur d’être député, ne devrait pas concourir à la confection des lois qui régissent un peuple généreux.

C’est par dévouement aux intérêts du pays où je suis né, que je n’ai pas craint de m’exposer à la haine d’un homme riche et puissant, qui a fait saisir, dernièrement, chez moi, une brochure contenant des réflexions utiles *contre l’usure et les usuriers*, et qui, depuis plus de deux ans, me fait injurier par le rédacteur en chef du *Radical du Lot*, dont il est le protecteur.

J’ai été dans la pénible nécessité de prouver que M. Boudousquié n’a jamais été utile à mon arrondissement. J’ai fait plus, j’ai prouvé qu’il avait fait plus de mal que de bien.

Les Électeurs de Cahors ont incontestablement le droit d’accorder toujours leurs suffrages à M. Boudousquié ; mais ils n’auront pas la puissance de donner la réputation d’un homme éloquent à celui qui osa dire *que les veuves des généraux étaient des dames du monde qui obtenaient toutes sortes de faveurs.* Ils savent que cet incomparable député a souvent excité des murmures violents quand il a voulu prononcer un discours. Veulent-ils savoir la cause de la défaveur avec laquelle il est écouté? C’est parce que les députés ne sont pas très flattés d’avoir pour collègue un homme dont on connaît les antécédents et la conduite envers l’auteur de notre chant national. C’est encore parce que M. Boudousquié n’a pas manifesté des sentiments nobles et généreux, en ridiculisant, le 20 mars 1841, une proposition qui rappelait un des principes les plus purs de notre première Révolution.

CORNÈDE-MIRAMONT,

Avocat, Capitaine de la Garde nationale de Cahors.

LA MARSEILLAISE.

Allons, enfants de la patrie,
Le jour de gloire est arrivé ;
Contre nous de la tyrannie
L'étendard sanglant est levé.   (bis)
Entendez-vous, dans les campagnes,
Mugir ces féroces soldats !
Ils viennent jusque dans vos bras
Égorger vos fils, vos compagnes.

Aux armes, citoyens, formez vos bataillons,
          Marchons,
          Marchons,
Qu'un sang impur abreuve nos sillons.

Que veut cette horde d'esclaves,
De traîtres, de rois conjurés ?
Pour qui ces ignobles entraves,
Ces fers dès long-temps préparés ?   (bis)
Français, pour nous, ah ! quel outrage!
Quels transports il doit exciter !
C'est nous qu'on ose méditer
De rendre à l'antique esclavage !

Aux armes, citoyens, formez vos bataillons ;
          Marchons,
          Marchons,
Qu'un sang impur abreuve nos sillons.

Quoi ! des cohortes étrangères
Feraient la loi dans nos foyers !
Quoi ! ces phalanges mercenaires
Terrasseraient nos fiers guerriers !   (bis)
Grand Dieu ! par des mains enchaînées,
Nos fronts sous le joug se ploiraient ;
De vils despotes deviendraient
Les maîtres de nos destinées !

Aux armes, citoyens, formez vos bataillons ;
          Marchons,
          Marchons,
Qu'un sang impur abreuve nos sillons.

Tremblez, tyrans et vous perfides,
L'opprobre de tous les partis ;
Tremblez ! vos projets parricides
Vont enfin recevoir leur prix.   (bis)

Tout est soldat pour vous combattre;
S'ils tombent nos jeunes héros,
La terre en produit de nouveaux
Contre vous tout prêts à se battre.

Aux armes, citoyens, formez vos bataillons;
Marchons,
Marchons,
Qu'un sang impur abreuve nos sillons.

Français en guerriers magnanimes,
Portez ou retenez vos coups;
Épargnez ces tristes victimes
A regret s'armant contre nous: *(bis)*
Mais ces despotes sanguinaires,
Mais les complices de Bouillé,
Tous ces tigres qui sans pitié
Déchirent le sein de leurs mères.

Aux armes, citoyens, formez vos bataillons;
Marchons,
Marchons,
Qu'un sang impur abreuve nos sillons.

Nous entrerons dans la carrière
Quand nos aînés n'y seront plus:
Nous y trouverons leur poussière
Et la trace de leurs vertus!   *(bis)*
Bien moins jaloux de leur survivre
Que de partager leur cercueil,
Nous aurons le sublime orgueil
De les venger ou de les suivre.

Aux armes, citoyens, formez vos bataillons;
Marchons,
Marchons,
Qu'un sang impur abreuve nos sillons.

Amour sacré de la patrie,
Conduis, soutiens nos bras vengeurs;
Liberté, Liberté chérie,
Combats avec tes défenseurs: *(bis)*
Sous nos drapeaux que la victoire
Accoure à tes mâles accents;
Que tes ennemis expirants
Voient ton triomphe et notre gloire.

Aux armes, citoyens, formez vos bataillons;
Marchons,
Marchons,
Qu'un sang impur abreuve nos sillons.

Paris. — Imp. d'Amédée Saintin, rue Saint-Jacques, 38.